BEI GRIN MACHT SICH IHR WISSEN BEZAHLT

AF153417

- Wir veröffentlichen Ihre Hausarbeit, Bachelor- und Masterarbeit

- Ihr eigenes eBook und Buch - weltweit in allen wichtigen Shops

- Verdienen Sie an jedem Verkauf

Jetzt bei www.GRIN.com hochladen und kostenlos publizieren

Organisationspsychologie. Teamarbeit, virtuelle Teams, Personalauswahl

Bibliografische Information der Deutschen Nationalbibliothek:

Die Deutsche Nationalbibliothek verzeichnet diese Publikation in der Deutschen Nationalbibliografie; detaillierte bibliografische Daten sind im Internet über http://dnb.d-nb.de abrufbar.

ISBN: 9783346540126
Dieses Buch ist auch als E-Book erhältlich.

Sonderprüfung

Einsendeaufgabe

Organisationspsychologie

Alternative A

Abgegeben am: 26.09.2021

SRH Fernhochschule

Modul: Organisationspsychologie

Studiengang: Wirtschaftspsychologie, Leadership & Management (M.Sc.)

Inhaltsverzeichnis

Abkürzungsverzeichnis

ggf.   gegebenenfalls

i.d.R.   in der Regel

S.   Seite

u.a.   unter anderem

z.B.   zum Beispiel

Abbildungsverzeichnis

Tabellenverzeichnis

Vermerk

In dieser Arbeit wird aus Gründen der besseren Lesbarkeit das generische Maskulinum verwendet. Weibliche und anderweitige Geschlechteridentitäten werden dabei ausdrücklich mitgemeint, soweit es für die Aussage erforderlich ist.

1 Aufgabe 1: Teamarbeit

Im nachfolgenden Aufgabenteil soll eine Definitionsannäherung an den Begriff Team und Teamarbeit erfolgen und die möglichen Ziele und Vorteile von Teamarbeit erläutert werden. Im Anschluss soll diskutiert werden unter welchen Umständen Teamarbeit effektiver ist als Einzelarbeit.

1.1 Definitionsannäherung an „Team" und „Teamarbeit"

Der Begriff Team und Teamarbeit wird in unterschiedlichen Themengebieten genutzt und definiert, weswegen eine Deutungs- und Definitionsvielfalt existiert. Grundlegend sind Teams künstlich geschaffene Gruppen (Becker, 2016, S. 7). In der Literatur werden Teams häufig als Weiterentwicklung einer Gruppe definiert, wobei jedes Team auch eine Gruppe, aber nicht jede Gruppe auch ein Team ist (Guzzo, 1996, S. 9). Team wird dabei eine „[...] stärkere Kohäsion oder eine bessere funktionierende Kooperation unterstellt" (Eberhardt, 2013, S. 8). In der Betrachtung im Themenschwerpunkt Personal und Unternehmensführung ist „[...] ein Team eine Gruppe von Mitarbeitern, die für einen ganzen, geschlossenen Arbeitsgang verantwortlich ist und die das Ergebnis ihrer Arbeit als Produkt oder Dienstleistung an einen internen oder externen Empfänger liefert" (Haug, 2009, S. 15). Kozlowski und Bell (2001) fassen aus mehreren Ansätzen eine Definition zusammen, nach dieser sind Teams: „[...] composed of two or more individuals, (b) who exist to perform organizationally relevant tasks, (c) share one or more common goals, (d) exhibit task interdependencies (i.e. workflow, goals, knowledge, and outcomes), (e) interact socially (face-to-face or, increasingly, virtually) (f) maintain and manage boundaries, and (g) are embedded in an organizational context that sets boundaries, constrains the team, and influences exchange with other units in the broader entity" (S. 6). Nach dieser Definition ist ein Team ein stark interagierendes Gebilde, das in einem komplexen Umfeld agiert und dessen Fokus auf dem Arbeitsergebnis liegt.

„Dabei muss durch bewusste Pflege der emotionalen Beziehung am Arbeitsplatz so viel Solidarität zwischen den beteiligten Mitarbeitern entwickelt werden, dass die offene Bewältigung von Wert- und Zielkonflikten möglich ist. Teamarbeit ist demnach ein langer, zielgerichteter Lernprozess" (Scherpner et al, 1976, S. 12). Dieser Lernprozess, auf den an dieser Stelle auf Grund des eigenständigen Umfanges nur verwiesen werden soll, beinhaltet auch den Teambildungsprozess, der unter anderem zum Ziel hat, ein positives Arbeitsklima zu schaffen und die Zusammenarbeit zu fördern (Weiand, 2011, S. 151). Innerhalb von Teams sind die Mitglieder in hohem Maße von den Leistungen anderer abhängig. Dies verdeutlicht auch die zentrale Aufgabe der Teamfüh-rung, die Mitglieder im Umgang mit der gegenseitigen Abhängigkeit zu unterstützen, worauf in Kapitel 2.3, in Bezug auf virtuelle Teams näher eingegangen werden soll (Stock-Homburg, 2010, S. 582). Die Teammitglieder werden anhand der Aufgabenstel-lung gewählt, um die Aufgabe zielgerichtet zu erfüllen (Becker, 2016, S. 7). „Dabei ist das Team i.d.R. eingebettet in eine größere Institution, deren Aufgabe und Gesamt-zielsetzung es sich verpflichtet hat" (Stahmer, 1996, S. 621). Dies verdeutlicht, wie komplex und umfangreich die Auseinandersetzung und die Umsetzung von Teamarbeit in einem Unternehmen sich gestalten kann.

1.2 Ziele und Vorteile von Teamarbeit

Unternehmen, die Teamarbeit als Arbeitsform einsetzen, erhoffen sich eine „[...] größe-re Flexibilität und Anpassungsfähigkeit von Projektorganisationen an Veränderungen der Umwelt" (Becker, 2016, S. 1). Ein Aspekt der zunehmenden Veränderung in der Arbeitsweise, ist dabei die Zunahme von projektbasierter Arbeit, deren dynamischen Anforderungen mit Teamarbeit besser begegnet werden soll (Becker, 2016, S. 2). Dar-über hinaus wird die zunehmende Komplexität der Leistungserbringung (die Bewälti-gung einmaliger, neuartiger und komplexer Aufgaben), die Anforderungen hinsichtlich der Geschwindigkeit und der Qualität nur durch Teamarbeit abbildbar sein (Niermeyer, 2016, S. 11; Wahren, 1994, S. 14). Teams bieten die Möglichkeit, Kenntnisse, Kompe-tenzen und auch Schwächen der einzelnen Mitarbeiter optimal zu ergänzen oder aus-zugleichen um infolgedessen komplexe, neuartige und umfangreiche Arbeitsaufgaben besser bewältigen zu können. „Sie sind flexibel einsetzbar, zügig formbar, reformierbar, relativ unkompliziert wieder auflösbar und schnell im Informationsdurchsatz" (Niermey-er, 2016, S. 11). Neben den ökonomischen und praktischen Aspekten werden Teams aus sozialen Gründen gebildet „[...] um den Mitarbeitern durch Gemeinschaft eine be-sondere Eigenständigkeit und erhöhte Arbeitsfreude bzw. Motivation zu schaffen" (von der Oelsnitz & Busch, 2012, S. 61).

Die Stärken der Teamarbeit „[...] liegen vor allem in der partizipativen Arbeitsweise, die sich positiv auf die Kreativität, die Eigeninitiative und Motivation der Mitarbeiter, sowie den Kooperationsgedanken im Unternehmen auswirkt [...]" (Bruhn & Ahlers, 2007, S. 670). Durch eine sinnvolle Aufteilung der Aufgaben, die sich an den Kompetenzen der Teammitglieder orientiert, sind Synergieeffekte zu erwarten. Dadurch können auch Lernprozesse bei (neuen) Mitarbeitern beschleunigt werden und Wissen und Erfahrun-gen unterschiedlicher Abteilungen und Teammitglieder intensiver genutzt und weiter-gegeben werden (Bruhn & Ahlers, 2007, S. 671). Wobei eine Qualitätssteigerung des

Outputs und eine Erhöhung der Produktivität ermöglicht werden. Darüber hinaus bietet Teamarbeit einen Rahmen für Kreativität und Innovation und ermöglicht es das Leistungspotenzial der Mitarbeiter besser auszuschöpfen. Dies kann auch zu ökonomischen Vorteilen, wie eine Verbesserung der Qualität und die Verkürzung von Durchlauf- und Entwicklungszeiten führen (Wahren, 1994, S. 14).

Die nachfolgende Tabelle bietet eine Übersicht über die Chancen von Teamarbeit:

Unternehmensbezogene Chancen	Mitarbeiterbezogene Chancen
Verbesserte Koordination aufgrund von Interdependenzen im Team	Schnellere Einarbeitung durch den Informationsaustausch mit anderen Teammitgliedern
Verbesserte Entscheidungsqualität durch Integration unterschiedlicher Perspektiven	Selbsterfahrung / Reflektion eigener Verhaltensweisen durch Rückmeldung anderer Teammitglieder
Erleichterte Entscheidungsdurchsetzung durch Beachtung unterschiedlicher Interessen im Rahmen der Entscheidungsfindung	Begünstigtes Erlernen neuer Fähigkeiten und Kenntnisse
Erhöhte Effizienz aufgrund verbesserter Koordination spezialisierter Fähigkeiten	Steigerung der Identifikation mit dem Unternehmen aufgrund der Zugehörigkeit zu einem Team
Bessere Kundenbetreuung durch die Bündelung von Kompetenzen im Kundenkontakt	Motivationssteigerung durch Befriedigung zentraler Bedürfnisse nach sozialen Kontakten und Anerkennung

Tabelle 1: Chancen von Teamarbeit
(Quelle: Eigene Darstellung in Anlehnung an Stock-Homburg, 2010, S. 583)

Die Organisation in Teams kann auch den sozialen Bedürfnissen von Mitarbeitern, wie der Interaktion und einem sozialen Umfeld am Arbeitsplatz, Anerkennung und Prestige, und einer selbstbestimmten, abwechslungsreichen und verantwortungsvollen Arbeit entsprochen werden (Becker, 2016, S. 3, Wahren, 1994, S. 25). Diese Bedürfnisbefriedigung kann wiederum zu einer Motivationssteigerung und Stärkung des Engagements der Mitglieder führen (Stock-Homburg, 2010, S. 583). Darüber hinaus kann die soziale Unterstützung innerhalb eines Teams zu einer erhöhten Arbeitszufriedenheit führen. Wobei auch wiederum eine bessere Integration von neuen Mitarbeitern in das Unternehmen erreicht werden kann, indem sie auf informelle Weise erfahren, welche Verhaltensweisen erwünscht oder unerwünscht sind und welche (auch ungeschriebene) Normen und Werte im Unternehmen gelten (Wahren, 1994, S. 14, 23). Die Anreicherung der Arbeitsinhalte durch die selbstverantwortliche Zusammenarbeit im Team erweitert den Handlungsspielraum von Mitarbeitern, was sich wiederum positiv auf die Motivation und die Persönlichkeitsentwicklung (z.B. sozialer Kompetenzen) auswirken kann (Wahren, 1994, S. 25).

Teams ermöglichen, durch die sich selbstorganisierenden und -steuernden Mitglieder, den Einsatz von flacheren Hierarchien und fördern das eigenverantwortliche Arbeiten, die selbständige Koordination und die Selbstorganisation von Mitarbeitern. Dadurch erleben die Teammitglieder eine gesteigerte Entscheidungsverantwortung als es bei Einzelarbeit möglich ist, was dazu führen kann, das die Arbeitsaufgabe intrinsisch motivierender auf die Teammitglieder wirkt und somit ein besseres Arbeitsergebnis zu erwarten ist (Becker, 2016, S. 2; Noé, 2012, S. 9; Wahren, 1994, S. 22). Entscheidungen, die in einem Team getroffen werden, finden in der Regel eine höhere Akzeptanz und sind dadurch im Anschluss leichter durchzusetzen (Becker, 2016, S. 38; Bruhn & Ahlers, 2007, S. 671). Grundlage dafür ist, dass spätere Widerstände im Vorfeld transparent gemacht und behandelt werden können. Hinzu kommt, das sich „[...] verfestigte Abläufe, Regelungen, Leitbilder und Normen schneller und effektiver „auftauen" und verändern als auf dem üblichen Weg über die Hierarchie" (Wahren, 1994, S. 22).

Durch die regelmäßige Zusammenarbeit unterschiedlicher Abteilungen „[...] reduziert sich zudem die Gefahr kontraproduktiver Konflikte, die sich durch Ressortegoismen und kulturelle Unterschiede zwischen Abteilungen ergeben" (Bruhn & Ahlers, 2007, S. 670). Im Vergleich zu Einzelentscheidungen sind Entscheidungen, die von einem Team getroffen wurden, auch von erhöhtem Problemverständnis, Transparenz und Partizipation geprägt (Becker, 2016, S. 40). Die Bildung von Teams kann auch dazu führen, das Prozesse reflektiert und Alltagsroutinen unterbrochen und dadurch Veränderungen von betrieblichen Abläufen und Prozessen angeregt werden oder um die Möglichkeit der Steigerung von Qualität zu überprüfen (Wahren, 1994, S. 20). Grundlage hierfür ist unter anderem, wie oben schon beschrieben, Entscheidungen, die in Teams getroffen werden, eine größere Akzeptanz finden und Veränderungen einfacher durchzusetzen sind.

Der Abbau von Hierarchien und das Übertragen von „[...] zielsetzenden, planenden, lenkenden, kontrollierenden und reflektierenden Aufgaben [...]" an Teams kann generell eine Kostensenkung bewirken (Wahren, 1994, S. 20). Mit der Möglichkeit flachere Hierarchien einzusetzen kann eine Reduzierung von Stellen im Management möglich werden, da sich die Teammitglieder eigenständiger organisieren und selbstständiger Entscheidungen treffen, was den Bedarf an Führungskräften senkt. Dies fördert auch den Abbau von Grenzen zwischen Abteilungen, was darüber hinaus auch den Transfer von Wissen fördern kann (Becker, 2016, S. 1, 2; Noé, 2012, S. 9, 10).

Teamarbeit kann auch beim Wettbewerb um neue Mitarbeiter und der Bindung von Mitarbeitern unterstützen. „Teams bieten für diese umkämpfte Zielgruppe die ideale Arbeitsumgebung: Sie sind hoch motivierend für ihre Mitarbeiter, überschaubar groß und weitgehend selbstverantwortlich und kreativ (Niermeyer, 2016, S. 19). Dieser Vorteil von Teamarbeit knüpft auch an die bereits dargestellten sozialen Bedürfnisse von Mitarbeitern an und fördert generell die Motivation. Teamarbeit kann auch Nachteile bringen, wobei einige Aspekte, die in bestimmte Situation als Vorteil gewertet werden, in anderen als nachteilig erweisen. Was bedeutet das Teamarbeit situations- und aufgabenabhängig zu bewerten ist (Becker, 2016, S. 17).

1.3   Teamarbeit vs. Einzelarbeit

Ob Teamarbeit der Einzelarbeit vorzuziehen ist, hängt vom Kontext, dem Team selbst und der Aufgabe ab. Aus den Merkmalen der Aufgabe kann abgeleitet werden, ob diese durch Teamarbeit ausgeführt werden sollte oder nicht (Becker, 2016, S. 29). Die nachfolgende Abbildung veranschaulicht die Merkmale, die von Bedeutung für die Entscheidung sind, ob die Aufgabe für die Teamarbeit geeignet ist oder nicht.

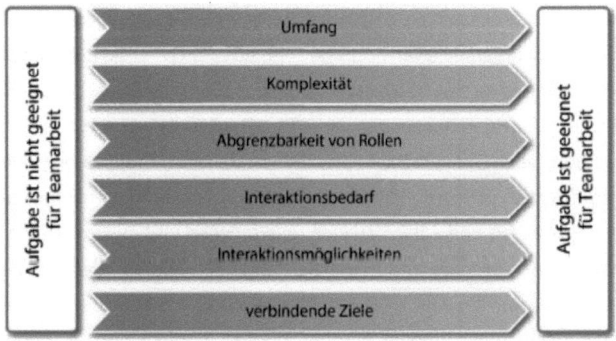

Abbildung 1: Geeignete Aufgaben für Teamarbeit
(Quelle: Becker, 2016, S. 30)

Bei der Übertragung von Aufgaben an Teams muss auch der Aufwand für Planung, sowie die Koordination und Auswahl der Teammitglieder als zeitintensiv eingeplant werden. Dabei muss auch bedacht werden, dass neben der strukturellen Zusammensetzung ein Team erst nach dem Teambildungsprozess voll produktionsfähig ist. Dies bedeutet, das gruppendynamische Prozesse, wie das Ausbilden von Entscheidungsstrukturen, Kohäsion, Motivation, Konfliktmanagement und Koordination ihre Zeit brauchen, um sich auszubilden (Kauffeld, 2001, S. 26-27; Rosenstiel & Nerdinger, 2011, S. 293). Dabei werden in der Literatur häufig die Phasen der Teamentwicklung nach Tuckman genannt: Forming, Storming, Norming und Performing (1965, S. 386). Diese recht zeitintensiven Prozesse entfallen bei Einzelarbeit.

Bei komplexen Aufgaben, bei denen verschiedene Perspektiven von unterschiedlichen Experten einbezogen werden sollten, ist Teamarbeit zu bevorzugen, da Einzelpersonen die Informationsverarbeitung, Steuerung und Verantwortung nicht mehr problemlos allein übernehmen können (Noé, 2012, S. 12). „Der Kreativitäts- und Innovationsbedarf bei neuartigen und / oder einmaligen, komplexen Aufgaben (z.B. Einführung neuer Verfahren oder Entwicklung neuer Produkte) lässt sich zumeist nicht durch die reguläre Organisation oder die Zuordnung dieser Aufgaben an Einzelpersonen decken" (Wahren, 1994, S. 21). Durch Teamarbeit können Aufgaben simultan zur laufenden Arbeit bearbeitet werden und Lösungen schneller gefunden und umgesetzt werden (Wahren, 1994, S. 21). Dies erfordert entsprechende Interaktionsmöglichkeiten, wie Räumlichkeiten oder entsprechende Technologien. Sind diese Parameter nicht gegeben ist Einzelarbeit vorzuziehen. Teamarbeit scheitert auch, wenn die Unternehmenskultur diese erschwert oder gar nicht zulässt (Niermeyer, 2016, S. 16).

Aufgaben sind nur dann in Teamarbeit zu bewältigen, wenn eine klare Rollenabgrenzung und eindeutige Verantwortlichkeiten entsprechend der Aufgabe bestehen. Da in Teams Rollenkonflikte und Prozessverluste bei der Koordination zu deutlichen Produktivitätsverlusten und Leistungseinbußen führen (Becker, 2016, S. 31). Dies bedeutet, dass die Aufgabe eine Teamaufgabe sein muss und die Aufgabe nur durch Kooperation optimal zu bewältigen ist. Besteht die Aufgabe aus Teilen, die auch in Einzelarbeit zu erledigen sind, behindert dies ggf. die erfolgreiche Teamarbeit. Einfache Aufgaben oder Routinearbeit sind demnach besser in Einzelarbeit zu erfüllen.

Arbeitsaufgaben wirken motivierend auf Teams, wenn diese als bedeutsam, ganzheitlich und abwechslungsreich von den Teammitgliedern empfunden werden (Becker, 2016, S. 34, 35). Nicht alle Mitarbeiter eignen sich für die Arbeit in Teams oder sind in der Lage, innerhalb von Teams ihr volles Leistungspotenzial zu entfalten. Gruppennormen und Zwang zur Kooperation kann (einzelne) Teammitglieder auch einschränken und unproduktiver werden lassen (Niermeyer, 2016, S. 17). Wenn keine geeigneten Personen für Teamarbeit vorhanden sind, ist die Einzelarbeit höchstwahrscheinlich effizienter.

Zusammenfassend lässt sich festhalten, das Unternehmen nicht mehr ohne die Auseinandersetzung mit und dem Einsatz von Teamarbeit agieren können. Dabei sind sowohl die Vorteile als auch die Nachteile mit anderen Arbeitsformen abzuwägen und zu bedenken, dass sich beispielsweise auch Arbeitsformen, wie Team- und Einzelarbeit gewinnbringend kombinieren lassen.

2 Aufgabe 2: Virtuelle Teams

Im nachfolgenden Abschnitt soll eine Definition und Abgrenzung von „virtuellen Teams" erfolgen. Darauf aufbauend sollen die Auswirkungen dieses Trends diskutiert und die notwendigen Kompetenzen und Anforderungen, die von Teammitgliedern und Führungskräften erwartet und gefordert werden, dargestellt werden.

2.1 Definitionsannäherung und Abgrenzung von „virtuellen Teams"

Digitalisierung beschreibt die „[...] Transformation von Geschäftsmodellen mit Hilfe von Informations- und Kommunikationstechnologien zur Reduktion von Schnittstellen, zur funktionsübergreifenden Vernetzung und zur Erhöhung der Effektivität und Effizienz" (Becker et al., 2015, S. 264). Aus den Möglichkeiten, die die Digitalisierung bietet, entstanden virtuelle Teams, welche orts- und zeitungebunden anhand moderner Informations- und Kommunikationstechnologien agieren und kommunizieren können. „Verbunden durch moderne Kommunikationsmittel können diese Teams schnell entstehen, über große räumliche Entfernungen, Zeit und organisationale Grenzen hinweg zusammenarbeiten und sich kurzfristig wandeln oder auflösen" (Becker, 2016, S. 10). Ein virtuelles Team behält dabei die grundlegenden Merkmale eines Teams bei. „Im Gegensatz zu konventionellen Teams arbeiten virtuelle Teams nach dem „anytime-anyplace-Prinzip", aufgaben- oder projektbezogen über Raum-, Zeit und Organisationsgrenzen hinweg und benutzen dazu Verbindungsnetze, die durch Kommunikationstechnologien ermöglicht werden" (Offelmann & Zülch, 2006, S. 119).

Die Einflussgröße zur Bestimmung der Ausprägungsform eines virtuellen Teams bzw., den Grad der Virtualität bezieht sich auf das Ausmaß der Nutzung digitaler Technologien, die (A-)Synchronität der Interaktionen der Teammitglieder und dem Informationswert, der über digitale Kanäle bereitgestellt wird. Der Grad der Virtualität lässt sich darüber hinaus durch räumliche Trennung und zeitliche Barrieren messen. Umso länger virtuelle Teams zusammenarbeiten, desto eher nähern sie sich den üblichen Gruppenprozessen an. Darüber hinaus ist der Grad der Virtualität auch umso höher, so interkultureller, interorganisationaler und interdisziplinärer ein Team ist (Krumm et al, 2013, S. 33, 34; Schreyögg, 2010, S. 146).

Durch die delokalisierte Zusammenarbeit in virtuellen Teams treffen sich die Mitglieder selten oder nie persönlich. Dadurch entstehen „losere" Beziehungen als dies zwischen traditionellen Teammitgliedern der Fall ist. Dies verursacht ein geringeres Maß an Kohäsion und eine schwächere Teamidentität (Hasebrook et al., 2020, S. 15), was häufig als Problematik bei virtuellen Teams beschrieben wird, worauf in den nachfolgenden

Kapiteln näher eingegangen werden soll. Die nachfolgende Tabelle veranschaulicht den Unterschied zwischen virtuellen Teams und Präsenzteams.

Merkmale	Virtuelle Teams	Präsenzteams
Dienstsitz der Teammitglieder	verschiedene Standorte	ein Standort
Projektsprache	oft Englisch, d.h. Fremdsprache für viele Teammitglieder	meist Muttersprache der Teammitglieder
Zeitzonen	meist unterschiedliche Zeitzonen	eine Zeitzone
Kommunikation	E-Mail, Chats, Telefon- und Videokonferenzen, Intranet, wenig Präsenzmeetings	viele persönliche Gespräche, wenig E-Mails, Intranet
Wahrnehmung von Stimmungen	erschwert, da die Projektsprache für viele Teammitglieder eine Fremdsprache ist, sie aus unterschiedlichen Kulturen stammen und Gestik und Mimik bei manchen Kommunikationsmitteln fehlen	gut, weil sich die Mitglieder häufig persönlich treffen und oft aus demselben Kulturkreis stammen
Wichtige Kompetenzen	alle Kompetenzen von Präsenzteams und darüber hinaus noch stark ausgeprägte Kompetenzen in folgenden Bereichen: Auswahl und Umgang mit modernen Medien, Kommunikation, Diversity, insbesondere im interkulturellen und interreligiösen Bereich	Fachkompetenz Methodenkompetenz Führungskompetenz Persönlichkeitskompetenz soziale Kompetenz

Tabelle 2: Die wichtigsten Unterschiede zwischen Virtuellen und Präsenzteams (Quelle: Eigene Darstellung in Anlehnung nach App, 2013, S. 28, 29)

2.2 Auswirkung der Globalisierung und Digitalisierung auf die Teamarbeit

Die Arbeitswelt unterliegt einem ständigen Wandel. Dieser Prozess wird unter anderem unterstützt und beschleunigt durch die voranschreitende Globalisierung und die Digitalisierung (technologischer Wandel) (Fisch, et al., 2008, S. 13; Schwahn, et al., 2018, S. 24). Die Digitalisierung und Globalisierung hat die Art der Arbeit neugestaltet und stellt neue Qualifikationsanforderungen an Arbeitnehmer und Mitglieder von Teams.

In der Zusammenarbeit von virtuellen Teams ergeben sich aufgrund der räumlichen Trennung und der Art der Kommunikationsmittel Vor- und Nachteile. Für Unternehmen kann sich eine Kostenersparnis durch den Wegfall von Reisekosten, sowie den Wegfall der Notwendigkeit großflächiger Büroflächen zur Verfügung stellen zu müssen, ergeben (Krumm et al., 2013, S. 34; Lindner, 2020, S. 9). Es ist dabei notwendig, dass die Teammitglieder auf dieselbe Kommunikationsinfrastruktur zurückgreifen können, wobei auch die Kosten dieser Ausstattung ggf. als Nachteil zu werten sind. Dies beinhaltet auch Fragestellungen zur Datensicherheit und Datenschutz, der in der Kommunikation und Zusammenarbeit gewährleistet sein muss (Lindner, 2020, S. 10, 11).

Die Zusammenarbeit in virtuellen Teams muss zielgerichtet sein, damit es nicht zu leistungshemmenden Interessenkonflikten zwischen den Linien- und Projektaufgaben der Mitarbeiter kommt. Dies beinhaltet auch eine hohe Komplexität bei Projektmanagementaufgaben und der Koordination, was hohe Ansprüche an die Kompetenzen aller beteiligter Mitarbeiter stellt (App, 2013, S. 16, 17). Die verzögerte Klärung von offenen Fragen und Verständnisschwierigkeiten durch die zeitliche und räumliche Trennung, verursacht durch die Nutzung von asynchronen Medien, kann zu einer zeitweisen Beeinträchtigung der Leistungsfähigkeit von virtuellen Teams führen (App, 2013, S. 21).

Die virtuelle Zusammenarbeit ermöglicht es, dass Experten und Fachkräfte aus unterschiedlichen Ländern eng zusammenarbeiten können. Für Unternehmen entsteht durch die Flexibilität der Ortsungebundenheit die Möglichkeit einfacher international Fachkräfte zu rekrutieren (Lindner, 2020, S. 9). Aus diesen Ortsungebundenheiten können sich neue Chancen, Synergien und die Kombination von Know-how, sowie ein höheres Maß an Flexibilität bei der Bearbeitung von Arbeitsaufträgen, sowie Agilität erreicht werden. Dies beinhaltet einen umfassenden Wissenstransfer und Austausch von Best Practices (App, 2013, S. 16, 20; Krumm et al., 2013, S. 34; Lindner, 2020, S. 9). Allerdings ist die Leistungsfähigkeit, insbesondere bei international agierenden virtuellen Teams oft durch kulturelle Unterschiede und sprachliche Barrieren / Missverständnisse beeinträchtigt (App, 2013, S. 30; Lindner, 2020, S. 10, 11). Die nonverbalen Elemente der Kommunikation (u.a. Gestik und Mimik) und die sozialen Kontextinformationen sind aufgrund der Technologie verändert. Beispielsweise wird durch unterschiedliche Zeitzonen die synchrone Kommunikation auf ein Minimum gesenkt, was zu Missverständnissen und Fehlinterpretationen in der Kommunikation führen kann. Generell ist die Kommunikation über digitale Medien in ihrer Effizienz eingeschränkter, als dies bei einem persönlichen Austausch gegeben ist (App, 2013, S. 33; Hasebrook et al., 2020, S.15). Auch die Ausbildung von Gruppennormen und Werten wird durch die virtuelle Kommunikation gehemmt (Krumm et al., 2013, S. 34).

Allerdings ist durch die zeitliche Flexibilität, die virtuelle Teams bieten können, auch eine bessere Vereinbarkeit von Familie und Beruf möglich. Dies wird noch durch die Ortsungebundenheit unterstützt. Was allerdings auch mehr Selbstorganisation und intrinsische Motivation von den einzelnen Mitarbeitern fordert (App, 2013, S. 14; Lindner, 2020, S. 10; Noé, 2012, S. 23). Daraus kann die Gefahr einer Isolation durch die fehlende physische Anwesenheit im Büro, sowie eine schlechte „Sichtbarkeit" von Leistungen entstehen (App, 2013, S. 15). Dies beinhaltet auch die Problematik die Motivation des Teams zu erhalten, da die Zusammenarbeit unpersönlicher verläuft und die Möglichkeit zur Kontrolle verringert ist (App, 2013, S. 15; Lindner, 2020, S. 10).

Die dargestellten Vor- und Nachteile von virtuellen Teams zeigen, dass der Einsatz von selbigen stets situations- und aufgabenabhängig zu bewerten ist. Mitarbeit und Führung von virtuellen Teams stellt demnach auch neue Anforderungen an alle beteiligten Mitarbeiter, worauf im nachfolgenden näher eingegangen werden soll.

2.3 Erwartete Kompetenzen und Anforderungen

Teammitglieder

Teammitglieder von virtuellen Teams und generell Mitarbeiter, sollten insbesondere über Kompetenzen verfügen, die es ihnen ermöglichen mittels Medien: „Informationen zu beschaffen, zu kommunizieren, Arbeitsprozesse über Distanzen in Gang zu bringen und aufrecht zu erhalten, Individuen und Teams anzuleiten und zu führen, Netzwerke aufzubauen und zu pflegen, sowie in kurzer Zeit neue Themenbereiche zu erschließen beziehungsweise in Alten am Ball zu bleiben" (Herrmann et al, 2004, S. 32). Grundlage ist, das Unternehmen generell und die Arbeit an sich immer digitaler wird und Arbeitsformen, wie virtuelle Teams immer mehr zu einem festen Bestandteil des Berufsalltags werden.

Die Auswahl der Teammitglieder für virtuelle Teams sollte auf Grundlage der Projekt- bzw. Arbeitsziele erfolgen. Eine Erstselektion findet daher meist auf der Basis der fachlichen Eignung zur Erfüllung der Arbeitsaufgabe statt (App, 2013, S. 53). Dabei müssen Mitarbeiter von virtuellen Teams vor allem mediale und soziale Kompetenzen vorweisen. Unter Medienkompetenz wird neben der Beherrschung der Anwendungsprogramme auch die Fähigkeit verstanden selbst Probleme mit Hard- und Software lösen zu können (Herrmann et al, 2004, S. 33). Dies beinhaltet auch Erfahrungen im Umgang mit digitalen Kollaborations-Tools (z.B. SharePoint) und virtueller Kommunikationskanälen (z.B. Microsoft Teams) und deren richtigen Einsatz (App, 2013, S. 55). Dabei stellt sich beispielsweise die Frage der Medienwahl: „Für welches Anliegen, für welche Aufgabe, für welches Ziel wähle ich welches Medium?" (Herrmann et al., 2004, S. 33). In anderen Worten über welches Medium, in welcher Situation mit den Kollegen kommuniziert wird, um möglichst effizient Informationen etc. auszutauschen. Dies ist besonders von Bedeutung, um Nebeneffekte von Medien auszuschließen. Beispielsweise wäre die Schnelligkeit und die Masse an E-Mails zu nennen, die oftmals zu Kommunikationsproblemen in Teams führt und ein angepasstes Medienverhalten erfordern (Herrmann et al., 2004, S. 33). Die Kommunikation mit Medien spielt auch die (schrift-) sprachliche Kompetenzen eine entscheidende Rolle. Gerade in virtuellen Teams ist die Fähigkeit von Bedeutung Beziehungsbotschaften und Selbstkundgabe auch schriftlich ausdrücken zu können. Dabei ist es auf Empfängerseite auch wichtig zwischen den

Zeilen lesen zu können und Andeutungen wahrzunehmen und richtig zu interpretieren (Herrmann et al., 2004, S. 33, 34).

Mitglieder von virtuellen Teams sollten auch Kompetenzen im Zeitmanagement, sowie ein hohes Maß an Eigenmotivation und Selbstorganisation vorweisen können, um eigenständig u.a. über Ressourcen, Ziele oder Arbeitsmethoden entscheiden zu können (App, 2013, S. 21; Niermeyer, 2016, S. 177). Dies beinhaltet auch die Selbstdisziplin, um Aufgaben abzuschließen, ohne die Motivation und Kontrolle von Kollegen und Vorgesetzten (Herrmann et al., 2004, S. 32). Zum Zeitmanagement gehört auch die Bereitschaft außerhalb der üblichen Arbeitszeiten zu arbeiten, um verschiedenen Zeitzonen gerecht zu werden. Dies verlangt aber auch die Selbstorganisation, um fähig zu sein die eigene Arbeit zielführend und effizient zu gestalten (Herrmann, 2004, S. 32). Darüber hinaus ist ein ausgeprägtes Verantwortungsbewusstsein der Aufgabe und dem Team gegenüber von Nöten, um die verminderten Kontrollmöglichkeiten zu relativieren (App, 2013, S. 55; Krumm et al., 2013, S. 38).

Eine hohe Frustrationstoleranz wirkt sich auf die Leistungsfähigkeit aus, da bei Herausforderungen oder Rückschlägen nicht im selben Maße, wie bei Teams auf die emotionale Unterstützung von anderen Teammitgliedern zurückgegriffen werden kann (App, 2013, S. 53; Krumm et al., 2013, S. 38). Darüber hinaus werden eine hohe intrinsische Motivation und eine hohe Leistungsorientierung benötigt, um in einem virtuellen Team erfolgreich zu arbeiten. Dies beinhaltet auch die Identifikation mit der Arbeitsaufgabe.

Virtuellen Teams müssen immer häufiger in Projekten über Landesgrenzen hinweg zusammenarbeiten. Dies beinhaltet auch die Notwendigkeit der Zusammenarbeit von Personen aus verschiedenen Kulturkreisen, was von allen Beteiligten zusätzlichen sprachlichen und interkulturellen Kompetenzen verlangt (App, 2013, S. 12; Krumm et al., 2013, S. 38). Gerade Fremdsprachenkenntnisse (Englisch) werden von zunehmender Bedeutung (Herrmann et al., 2004, S. 34). Heterogene Teams fordern auch eine Toleranz gegenüber anderen Meinungen und Sichtweisen, sowie die Bereitschaft in der Aufgabenerfüllung umfassend zu kooperieren (App, 2013, S. 55; Krumm et al., 2013, S. 38). Sich immer wieder auf andere Rahmenbedingungen in der Zusammenarbeit, sei es nun Technik oder fremde Kulturen einzulassen, erfordert auch eine neugierig-explorative Haltung von Mitarbeitern. Hinzu kommt die Fähigkeit, „[...] Vertrauen über viele kleine Bausteine aktiv aufzubauen und Vertrauenszeichen von anderen wahrzunehmen" (Herrmann et al., 2004, S. 33, 34).

Führungskräfte

Für Führungskräfte sind auch die bereits für Mitarbeiter dargestellten Kompetenzen bei der Führung von virtuellen Teams von Bedeutung, darüber hinaus sollten Führungskräfte über noch weitere verfügen. „Die Fähigkeit, über Ziele und Visionen zu steuern, angemessen delegieren zu können und Spielräume zu gewähren, muss einhergehen mit einem niedrigen Kontrollbedürfnis" (Herrmann et al., 2004, S. 34). Die Führungskraft muss es schaffen den Mitarbeitern über die Distanz konstruktives und persönliches Feedback zukommen zu lassen (App, 2013, S. 45, 46). Dies beinhaltet auch die Erfahrung und Fähigkeit von Führungskräften kulturabhängig den richtigen Führungsstil anzuwenden (Herrmann et al., 2004, S. 34). Darüber hinaus müssen Führungskräfte über Kommunikationskompetenz verfügen. In Bezug auf virtuelle Teams sind dies auch Fremdsprachenkenntnisse. Dies beinhaltet die Fähigkeit komplexe Sachverhalte und Anweisungen verständlich für alle Beteiligten, sowohl schriftlich, wie mündlich zu formulieren. Erfahrung mit virtuellen Meetings und virtueller Kommunikation, wie Telefon- und Videokonferenzen, befähigt Führungskräfte eher Konflikte und Probleme im virtuellen Raum frühzeitig zu erkennen und zu lösen (App, 2013, S. 44, 46).

Eine besondere Herausforderung für die Führungsperson von virtuellen Teams stellt der fehlende persönliche Kontakt zwischen den Mitgliedern dar. Dies erschwert es eine gute Beziehung und Vertrauen zwischen den am Projekt beteiligten Personen aufzubauen (Hermann et al., 2012, S. 36). Damit eng verbunden sind die Ansprüche an die sozialen Kompetenzen von Führungskräften, um die Bedürfnisse nach Zugehörigkeit, Anerkennung und Sicherheit von Mitarbeitern zu gewährleisten. Dies beinhaltet ein ausgeprägtes Wahrnehmungsvermögen für Stimmungen auch im virtuellen Umfeld, sowie Empathie und emotionale Intelligenz. Dabei ist auch ein erhöhtes Durchsetzungsvermögen gefordert, um Projektziele zu erreichen (App, 2013, S. 47; Herrmann et al., 2004, S. 35). Sie sollten über ein ausgeprägtes Verständnis der verwendeten Medien verfügen und in der Lage sein, die Qualifikationen bei Mitarbeitern zu erkennen oder Wissen zu vermitteln. Sie sollten konstruktiv mit Widerständen gegen einzelne Tools umgehen können und bei Bedarf über die Fähigkeit verfügen Schulungen oder Coachings anbieten zu können (App, 2013, S. 31). Demnach sollten Führungskräfte sich mit den aktuellen in der virtuellen Kommunikation verwendenden Tools auskennen und mit dem eingesetzten Tool vor dem Projekteinsatz bereits praktische Erfahrung gesammelt haben (App, 2013, S. 31).

Führungskräfte müssen zudem über eine gewisse Fachkompetenz in Bezug auf das Projektthema verfügen, um die Leistungen der Teammitglieder beurteilen zu können und Arbeitsaufgaben der Teilaufgaben realistisch einschätzen zu können (App, 2013, S. 43). Dabei sollten Führungskräfte auch über Projektmanagement Know-how verfügen, um Problemlagen und Projekte transparent zu strukturieren, um sie auf Distanz zwischen den Teammitgliedern bewältigen zu können. Die Steuerungs- und Kommunikationsstrukturen aus dem Projektmanagement bilden dabei eine Plattform der gemeinsamen Arbeitsorganisation (App, 2013, S. 55; Herrmann et al., 2004, S. 34).

3 Aufgabe 3: Personalauswahl

Nachfolgend sollen die Vor- und Nachteile verschiedener Methoden zur Personalauswahl dargestellt werden. Dies soll auch die Rolle von digitalen Medien und die Sozial Media-Kanäle im Auswahlprozess beinhalten. Wobei auf die soziale Validität und auf Akzeptanz dieser Methoden bei Bewerbern und bei Führungskräften im Unternehmen eingegangen werden soll.

3.1 Methoden der Personalauswahl

Unternehmen investieren viel Zeit und Geld in eine systematische Rekrutierung und Selektion von Mitarbeitern und Führungskräften. Der Prozess der Personalauswahl beinhaltet das Eignungspotenzial des Bewerbers herauszufinden, damit die Anforderungen der zu besetzenden Stelle bestmöglich erfüllt werden kann. Eignungsdiagnostisch werden drei Ansätze in der Personalauswahl unterschieden und bilden den trimodalen Ansatz der Berufseignungsdiagnostik: Biografie orientierte, Simulationsorientierte, eigenschafts- oder konstruktorientierte Verfahren (Schuler, 2013, S. 33).

	Biografischer Ansatz	Simulationsansatz	Eigenschaftsansatz
Funktionslogik	Vergangenes Verhalten ermöglicht Prognose auf zukünftiges Verhalten	Abbildung erfolgsrelevanten und berufsbezogenen Verhaltens	Erklärung des Berufserfolgs aufgrund stabiler Eigenschaften
Typische Verfahren	Biografisches Interview Biografischer Fragebogen Zeugnisse	Arbeitsprobe Computergestützte Simulation Assessmentcenter	Persönlichkeitstest Intelligenztest

Tabelle 3: Beschreibung der Methoden der Personalauswahl
(Quelle: Eigene Darstellung in Anlehnung an Achouri, 2015, S. 18)

Die biografieorientierten Verfahren beziehen sich auf Informationen über bisher erbrachte Leistungen und deren Beurteilung. Das Leistungsergebnis vorhandenen Verhaltens wird mit Hilfe von Abschlusszeugnissen und Berufserfahrung und Arbeitszeugnissen, Praktika und Auslandsaufenthalten, mit dem biografischen Fragebogen und dem biografischen Interview analysiert (Lohaus & Habermann, 2013, S. 92; Schuler, 2013, S. 34). Dieser Ansatz ist eingeschränkt, wenn die vorherige Tätigkeit in weiten Teilen nicht der zukünftigen Aufgabe entspricht. Es ist schwierig von Beschreibungen vergangener Tätigkeiten Informationen zu entnehmen, wenn die Anforderungen neuartig sind, wohingegen brauchbare Informationen vorliegen, wenn die Ähnlichkeit zwischen dem vergangenen und dem künftigen Tätigkeitsbereich gegeben ist (Schuler, 2013, S. 34). Dabei sind auch Informationen von subjektiven Quellen Grenzen gesetzt (Schuler, 2014, S. 158). Es ist nicht auszuschließen, dass Bewerber auf Basis der Unterlagen falsch eingeschätzt werden, weswegen neben der Sichtung auch biografische Fragebögen eingesetzt werden. Neben dem Erhalt von tiefgreifenderen Informationen sind diese allerdings mit hohem (Kosten-) Aufwand verbunden. Als Alternative werden deswegen häufig biografische Fragen als Teil des Auswahlgespräches eingesetzt (Schuler, 2014, S. 158).

In simulations- oder verhaltensorientierten Verfahren werden vergangene Leistungen gezielt vernachlässigt, sondern es wird betrachtet, was ein Bewerber in der aktuellen Situation leisten kann, um davon auf spätere berufliche Leistungen zu schließen (Lohaus & Habermann, 2013, S. 92). Zu den eingesetzten Diagnosetypen zählen unter anderem Arbeitsproben, situative Interviews und Situational Judgment Tests (Schuler, 2013, S. 37). Die Grenzen dieser Verfahren werden ersichtlich, wenn Vakanzen in hoch spezialisierten Berufen, die langjährige Berufserfahrung voraussetzen oder sich auf komplexe oder abstrakte Tätigkeiten beziehen. Darüber hinaus sind sie weniger für die Prognose von individuellen Potenzialen geeignet (Marcus, 2011, S. 58). Diese Verfahren identifizieren auch nur Bewerber, die ein gewünschtes Verhalten sofort umsetzen, nicht jedoch jene, die auf Grund einer hohen Lernfähigkeit in der Lage wären, es sich schnell anzueignen (Plate, 2007, S. 128; Rowold, 2013, S. 168).

Die eigenschafts- oder konstuktorientierten Verfahren versuchen den beruflichen Erfolg eines Bewerbers anhand von stabilen Eigenschaften zu erklären. Dabei ermitteln sie Potenziale und Leistungsmöglichkeiten eines Bewerbers, die sich bisher möglicherweise nur in Ansätzen im Verhalten widerspiegeln (Marcus, 2011, S. 51). Die geprüften Merkmale sind in zahlreichen Berufsfeldern von Vorteil, was die Prognosen meist stark generalisierbar macht. Zu diesen Merkmalen zählen Intelligenz, Leistungsmotivation, soziale Kompetenzen oder kognitive Funktionen (Lohaus & Habermann, 2013, S. 93; Schuler, 2014, S. 159). Diese Verfahren sind vor allem bei Positionen geeignet, die sich in einem rasch verändernden beruflichen Umfeld befinden (Schuler, 2014, S. 159). Durch einen multimethodalen Ansatz kann sichergestellt werden, alle wichtigen Merkmale und / oder Verhaltensweisen zu erfassen und verhindert werden, dass nur ein Teilbereich des Eignungspotenzials des Bewerbers erfasst werden (Plate, 2007, S. 123; Schmidt-Atzert & Amelang, 2012, S. 457). Zu den multiplen Verfahren zählen beispielsweise Assessment Center. Der Einfluss der einzelnen eingesetzten Verfahren kann isoliert bewertet werden und somit die Validität, Reliabilität und Generalisierbarkeit des Gesamtergebnisses erhöht werden.

3.2 Soziale Validität im Bewerbungsverfahren

Die Maßnahmen der Personalauswahlverfahren müssen die Kriterien der Objektivität, Reliabilität und Validität erfüllen. Schuler und Stehle haben den klassischen Gütekriterien das Bewertungskriterium für Auswahlverfahren hinzugefügt: Die soziale Validität, dieser Sammelbegriff umschreibt „[...] was die eignungsdiagnostische Situation zu einer akzeptablen sozialen Situation macht" (Schuler & Stehle, 1983, S. 35). Die soziale Validität beschreibt, weniger einen Zahlenwert als vielmehr das Maß der Fairness und der Akzeptanz, dass die teilnehmenden Kandidaten innerhalb eines Personalauswahlverfahren empfinden (Schuler & Strehle, 1983, S. 35). Die soziale Validität besteht aus vier Komponenten, welche die Situationsparameter des Konzeptes bilden und als unabhängige Variablen verstanden werden, „[...] von denen erwartet wird, dass sie das Erleben und die Reaktion der Teilnehmer an Auswahlsituationen beeinflussen": Information, Partizipation, Transparenz und Urteilskommunikation (Schuler, 1990, S. 185). Wobei an dieser Stelle, aufgrund des Umfangs, auf eine Beschreibung der Komponenten verzichtet werden soll.

Eine eignungsdiagnostische Situation sollte aus verschiedenen Gründen zu einer akzeptablen sozialen Situation gemacht werden (Schuler & Stehle, 1983, S. 35). Die soziale Validität kann die Akzeptanz eines Bewerbers fördern, da Bewerber den Bewerbungsprozess nicht vom Unternehmen und der Vakanz trennen. Dabei wird von allen Berührungspunkten mit dem Unternehmen auf dessen Image bezogen. Für die soziale Validität muss ein Verständnis für selbige entstehen. Alle am Einstellungsprozess Verantwortlichen müssen sich mit der Thematik auseinandersetzen und ein Verständnis für die Sichtweise von Bewerbern entwickeln, auch wenn sie eher messgenaue Verfahren bevorzugen, muss auf die Akzeptanz von Auswahlverfahren bei Bewerbern Rücksicht genommen werden. Dies beinhaltet auch die Frage, welche Auswahlverfahren, welche soziale Validität erreichen und wie eine optimale Auswahlsituation aussieht. Beispielsweise finden Fähigkeits- und Leistungstest mehr Akzeptanz als Persönlichkeits- und Interessentest (Schuler, 1990, S. 190; Weuster, 2012, S. 34). Die Auswahlverfahren, wie Interviews, die Auswertung von Lebensläufen und die Durchführung von Arbeitsproben gehören zu den am meisten akzeptierten Methoden, wohingegen beispielsweise die Grafologie am wenigsten akzeptiert wird (Lohaus & Habermann, 2013, S. 94). Nach einer Studie vom Fruhner, Schuler, Funke und Moser (zitiert nach Schuler, 1990, S. 184) wurde das Vorstellungsgespräch am meisten präferiert, gefolgt von der Arbeitsprobe und des Praktikums. Dabei hängt die Bewertung von Personalauswahlverfahren auch vom Attribuierungsverhalten der Bewerber ab und ist nicht gänzlich pauschalisierbar (Weuster, 2012, S. 34). Der Bewerber muss bei der Auswahlmethode stets einen Bezug zur späteren Tätigkeit erkennen (Lohaus & Habermann, 2013, S. 61). Für Unternehmen und Führungskräfte ist die soziale Validität auch in Hinblick auf ein positives Candidate Experience Management von Bedeutung.

3.3 Digitale und soziale Medien in der Personalauswahl

Digitale Anwendungen und die zugrundeliegende künstliche Intelligenz werden intelligenter und können arbeitsintensive Prozesse in der Personalauswahl vereinfachen und beschleunigen. Beispielsweise können internetbasierte Verfahren zur Rekrutierung durch Vorselektion die Anzahl von ungeeigneten Bewerbern minimieren. Dabei beinhalten diese Verfahren beispielsweise die Erfassung biografischer Daten mittels internetbasierter Bewerbungsformulare, internetgestützte Testverfahren, bis hin zum Einsatz von medial aufwändigen und interaktiven Online-Assessment Centern (Brünn, 2010, S. 2). Ein relativ neues Format aus dem Personalmarketing ist dabei das „Recrutainment", was hier als Beispiel kurz erklärt werden soll. Bei Recrutainment handelt es sich um einen Teilbereich von Gamification, beinhaltet aber explizit „Fremdauswahlinstrumente", wie das Self- oder Online-Assessment (Diercks & Kupka, 2013, S. 14). „Recrutainment dient der Verbesserung des Zusammenfindens von „passendem" Kandidat und „passendem" Arbeitgeber bzw. „passender" Ausbildungseinrichtung" (Diercks & Kupka, 2013, S. 17). Grundlegend dient der Einsatz von Recrutainment bei Vorgehensweisen und Vorgängen, die vordergründig nichts mit Spielen zu tun haben, diese mit Spielen zu verknüpfen, um sich das menschliche Verhalten, gerne, freiwillig und häufig zu spielen, zu Nutze zu machen (Dierks et al., 2015, S. 168). Bei den unterhaltungswirksamen spielerisch-simulativen und benutzerorientierten Elementen steht die Selbstselektion, also die Auswahl des Unternehmens durch den Bewerber im Vordergrund, wobei auch die soziale Validität fokussiert wird (Diercks et al., 2003, S. 128).

Unter sozialen Medien, werden einfach dargestellt, im Internet basierte Plattformen verstanden, deren wichtigster Nutzen im Daten- und Informationsaustausch der Nutzer liegt. Zu den bekanntesten Business Netzwerken zählen unter anderem LinkedIn und Xing. Dabei werden Soziale Medien von Bewerbern genutzt, um sich über Unternehmen zu informieren. Unternehmen nutzen zunehmend soziale Medien, um in Kontakt mit potenzialen Bewerbern zu treten oder um sich einen Eindruck von Bewerbern zu bilden. Die Chancen der Personalauswahl mit Hilfe der sozialen Netzwerke liegen in der Effizienz und in der Senkung von Kosten. Beispielsweise können Unternehmen für freie Stellen gezielt Kandidaten anwerben und durch ein Employer Branding sich als attraktiver Arbeitgeber vermarkten. Darüber hinaus wird durch den Online-Einsatz die Verwendung von interaktiven Simulationsverfahren ermöglicht, beispielsweise wie durch das vorab dargestellte Recrutainment. Solche Verfahren erweitern, sowohl die

Kontaktmöglichkeiten zu Kandidaten, also auch den diagnostischen Kanon, der bisher nur im Face-to-Face Kontakt möglich war (Diercks & Kupka, 2013, S. 5). Dabei werden auch die Prozesse bei gleichbleibender Messqualität günstiger, effektiver und schneller (Kupka, 2013, S. 54; Lorenz & Rohrschneider, 2015, S. 143). Darüber hinaus haben häufig auch Kandidaten Interesse an Selbsttests zur Überprüfung der eigenen Passung zur Position (Diercks & Kupka, 2013, S. 3).

25

Literaturverzeichnis

Achouri C. (2015). *Human Resources Management. Eine praxisbasierte Einführung* (2. Aufl.). Wiesbaden: Springer Fachmedien.

App, S. (2013). *Virtuelle Teams* (1. Aufl). München: Haufe Verlag.

Becker, F. (2016). *Teamarbeit, Teampsychologie, Teamentwicklung. So führen Sie Teams!* (1. Aufl.). Berlin, Heidelberg: Springer.

Becker, W., Ulrich, P., Botzkowski, T. & Eurich, S. (2015). Data Analytics in Familienunternehmen–Implikationen für das Controlling. In *Zeitschrift für erfolgsorientierte Unternehmenssteuerung*, (Heft 27, 2015, S. 263 - 268).

Bruhn, M. & Ahlers, G. M. (2007). Organisation der Kommunikationsfunktion: Teamarbeit als Erfolgsfaktor. In M. Piwinger I & A. Zerfass (Hrsg.), *Handbuch Unternehmenskommunikation*. Wiesbaden: Gabler Verlag.

Brünn, S. (2010). *Internettestverfahren zur Personalauswahl. Einflussgrößen der Fairnesswahrnehmung und ihre Wirkung auf die Intentionen und Reaktionen der Bewerber*. (1. Auf.). Augsburg: Rainer Hampp Verlag.

Diercks, J., Eingel, S., Jägeler T. & Weber, A. (2003). Vorteile und Nutzenpotentiale kombinierter Recruiting- und Marketinganwendungen. Ein Praxisbei-spiel für Recrutainment: Cyquest „Die Karrierejagd durchs Netz". In U. Konradt & W. Sarges (Hrsg.), *E-Recruitment und E-Assessment* (S. 127 - 144). Göttingen: Springer.

Diercks, J., Kupka, K. & Flohr, B. (2015). Die Game-Generation: Warum Recrutainment und Online-Assessments für Employer Branding und Recruiting immer wichtiger werden. In G. Hesse & H. Mattmüller (Hrsg.), *Perspektivwechsel im Employer Branding* (S. 165–182). Wiesbaden: Springer Fachmedien.

Diercks, J. & Kupka, K. (2013). Recrutainment – Bedeutung, Einflussfaktoren und Begriffsbestimmung. In J. Diercks & K. Kupka (Hrsg.), *Recrutainment. Spielerische Ansätze in Personalmarketing und -auswahl* (S. 1 - 18). Wiesbaden: Springer.

Eberhardt, D. (2013). Gruppen- und Teamarbeit – Quo-Vadis? In D. Eberhardt (Hrsg.). *Together is better? Die Magie der Teamarbeit entschlüsseln* (S. 8 - 17). Berlin: Springer.

Fisch, R., Beck, D. & Müller, A. (2008). *Veränderungen in Organisationen. Stand und Perspektiven.* Wiesbaden: Springer Verlag.

Guzzo, R. A. (1996). Fundamental considerations about work groups. In M.A. West (Hrsg.). *Handbook of work group psychology* (S. 3-21). Chichester: Wiley.

Hasebrook, J., Hackl, B. & Rodde, S. (2020). Team-Mind und Teamleistung. Teamarbeit zwischen Managementmärchen und Arbeitswirklichkeit. Wiesbaden: Springer-Verlag.

Haug, v. C. (2009). *Erfolgreich im Team. Praxisnahe Anregungen für effizientes Teamcoaching und Projektarbeit* (4. Aufl.), München: dtv Beck-Wirtschaftsberater.

Herrmann, D., Hüneke, K., Rohrberg, A. (2004). Medienkompetenz und mehr: Voraussetzungen für veränderte Formen der (Zusammen)arbeit. *In Wirtschaftspsychologie aktuell*, 03/2004, S. 31 - 35.

Kauffeld, S. (2001). *Teamdiagnose.* Göttingen: Hogrefe.

Kozlowski S. W. J. & Bell, B. S. (2003). Work Groups and Teams in Organizations. In W. C. Borman, D. R. Ilgen & R. J. Klimoski (Hrsg.), *Handbook of psychology* (Vol. 12): Industrial and Organizational Psychology. New York: Wiley-Blackwell. Abgerufen am 27.08.2021. Verfügbar unter https://ecommons.cornell.edu/handle/1813/75229

Krumm, S., Terwiel, K. & Hertel, G. (2013). Challenges in Norm Formation and Adherence. In *Journal of Personel Psychology* 12 (1), S. 33 - 44.

Kupka, K. (2013). Online-Assessments im Recrutainment-Format: Wie gefällt das eigentlich den Bewerbern in der echten Auswahlsituation? In: J. Diercks & K. Kupka (Hrsg.), *Recrutainment. Spielerische Ansätze in Personalmarketing und -auswahl.* (S. 53-66). Wiesbaden: Springer Gabler.

Lindner, D. (2020). *Virtuelle Teams und Homeoffice. Empfehlungen zu Technologien, Arbeitsmethoden und Führung.* Wiesbaden: Springer Gabler.

Lohaus, D. & Habermann, W. (2013). *Personalauswahl im Mittelstand. Nicht die Besten sind die Besten, sondern die Geeignetsten.* München: Oldenbourg.

Lorenz, M. & Rohrschneider, U. (2015). *Erfolgreiche Personalauswahl.* Wiesbaden: Gabler Verlag.

Marcus, B. (2011). *Personalpsychologie.* Wiesbaden: VS Verlag für Sozialwissenschaften.

Niermeyer, R. (2016). *Teams führen.* (2. Aufl.). Freiburg: Haufe Gruppe.

Noé, M. (2012). *Praxisbuch Teamarbeit. Aufgaben, Prozesse, Methoden.* München: Hanser

Offelmann, N., & Zülch, J. (2006). Was ist an virtuellen Teams anders? In J. Zülch, L. Barrantes & S. Steinheuser, (Hrsg.), *Unternehmensführung in dynamischen Netzwerken. Erfolgreiche Konzepte aus der Life-Science-Branche* (S. 117 - 130). Berlin, Heidelberg: Springer-Verlag.

Plate, T. (2007). *Personalauswahl in Unternehmensberatungen.* Wiesbaden: Gabler.

Rosenstiel, L. & Nerdinger, F.W. (2011). *Grundlagen der Organisationspsychologie* (7., überarb. Aufl.). Stuttgart: Schäffer-Poeschel.

Rowold, J. (2013). *Human Resource Management. Lehrbuch für Bachelor und Master.* Berlin, Heidelberg: Springer Berlin Heidelberg.

Scherpner, M., Fink, G. & Kowollik, W. (1976). *Teamarbeit in der Sozialpädagogik.* (1. Aufl). Tübingen: Katzmann Verlag.

Schmidt-Atzert, L. & Amelang, M. (2012). *Psychologische Diagnostik.* Berlin, Heidelberg: Springer Verlag.

Schreyögg, A. (2010). Coaching für das Management virtueller Teams. In A. Schreyögg & C. Schmidt-Lellek (Hrsg.), *Die Organisation in Supervision und Coaching* (S. 145 - 158). Wiesbaden: VS Verlag für Sozialwissenschaften

Schuler, H. (1990). Personenauswahl aus der Sicht der Bewerber: Zum Erleben eignungsdiagnostischer Situationen. *Zeitschrift für Arbeits- und Organisationspsychologie*, 34. Jg, S. 134 - 191.

Schuler, H. (2013). Personalauswahl. In R. Stock-Homburg (Herg.). *Handbuch Strategisches Personalmanagement* (2. Aufl., S. 29 - 58). Wiesbaden: Springer Gabler.

Schuler, H. (2014). Psychologische Personalauswahl. Eignungsdiagnostik für Personalentscheidungen und Berufsberatung. /4., vollst. überarb. und erw. Aufl.). Göttingen: Hogrefe.

Schuler, H. & Stehle, W. (1983). Neue Entwicklung des Assessment-Center-Ansatzes – Beurteilung unter dem Aspekt der sozialen Validität. *Arbeits- und Organisationspsychologie*, Ausgabe 27, S. 33 - 44.

Schwahn, F., Mai, C. & Braig, M. (2018). *Arbeitsmarkt im Wandel – Wirtschaftsstrukturen, Erwerbsformen und Digitalisierung.* Statistisches Bundesamt (Destatis), Wiesbaden.

Stahmer, I. (1996). Teamarbeit. In D. Kreft & I. Mielenz, *Wörterbuch Soziale Arbeit* (4. Aufl., S. 460 - 462). Weinheim

Stock-Homburg, R. (2010). *Personalmanagement. Theorien – Konzepte – Instrumente.* (2. Aufl.). Wiesbaden: Gabler Verlag.

Tuckman, B.W. (1965). Developmental sequence in small groups. *Psychological Bulletin*, 63 (6), S. 384 - 399.

von der Oelsnitz, D. & Busch, M. W. (2012). *Team: Toll, ein anderer macht´s! Die Wahrheit über Teamarbeit.* Zürich: Orell Füssli.

Wahren, H. K. E. (1994). *Gruppen- und Teamarbeit in Unternehmen.* Berlin, New York: Walter de Gruyter.

Weuster, A. (2012). Personalauswahl I. Internationale Forschungsergebnisse zu Anforderungsprofil, Bewerbersuche, Vorauswahl, Vorstellungsgespräch und Referenzen. (3., akt. u. überarb. Aufl.). Wiesbaden: Gabler Verlag.

Weiand, A. (2011). *Personalentwicklung für die Praxis, Werkzeuge für die Umsetzung.* Stuttgart: Schäffer-Poeschel Verlag.

BEI GRIN MACHT SICH IHR WISSEN BEZAHLT

- Wir veröffentlichen Ihre Hausarbeit,
  Bachelor- und Masterarbeit

- Ihr eigenes eBook und Buch -
  weltweit in allen wichtigen Shops

- Verdienen Sie an jedem Verkauf

Jetzt bei www.GRIN.com hochladen und kostenlos publizieren